Thinking for writing

英語的発想を学ぶための英作文と英文法

by Akira Machida

TSURUMI SHOTEN

Thinking for Writing

Copyright©2019 by Akira Machida
and OTOWASHOBO TSURUMISHOTEN
All rights reserved.

Photo credits:

©Bisual Photo—Fotolia.com
©rvenitsa—Fotolia.com

自習用音声について

本書各章の Recitation の音声は以下より無料でダウンロードできます。予習、復習にご利用ください。

http://www.otowatsurumi.com/3852/

URL はブラウザのアドレスバーに直接入力して下さい。
パソコンでのご利用をお勧めします。圧縮ファイル (zip) ですのでスマートフォンでの場合は事前に解凍アプリをご用意下さい。

はじめに

　通常，学校で文法を勉強するときはよく整理された単元ごとに勉強することになります。このような勉強法は重要な文法事項を余すところなく網羅できるというメリットがあります。しかしながら，英語を使用する実際の現場では，学んだ単元ごとに文法事項に出会うわけではありません。そのため，このような勉強法だけでは，言いたいことを表現するとき，どの文法事項を用いればよいかがわからないという問題に直面することになります。

　これまでの単元ごとの勉強を仮に文法の「縦割り行政」と呼ぶことにすると，大学で学ぶ英文法は，この縦割り行政を打破することから始まります。そして，このような問題意識から，本書は文法事項を横断した構成にしてあります。もちろん，この縦割り行政を打破しようとする試みはこれまでにもなされています。例えば，空港やレストランなど使用の場面に基づいた分類や依頼や謝罪などの対人機能に着目した分類の仕方です。しかしながら，本書ではそのような分類もしていません。本書は，人間の認知能力，社会性，文化継承といった観点から言語の仕組みを解明しようとしている認知言語学の視点を取り入れ，これまで高等学校で学習してきた内容の整理と強化を行なう試みです。言うなれば，これまで縦糸だけで編まれていた文法に横糸を通す作業だと考えてください。

　また，本書を通じて，英語と日本語に見られるものの見方の違いを体感することになると思います。本書で学習することを通じて，言葉に対する見方が変わり，英語学習のあり方を見直すきっかけになるかもしれません。文法を無味乾燥な規則として捉え，機械的に暗記した単語をこの規則に入力して文（らしきもの）を作り出すという考え方は，この際，捨ててしまいましょう。大切なのは，英語母語話者に受け継がれている英語のものの見方を具体的な表現を通して学習することなのです。

　最後に，英語の感覚にまで踏み込んで一つ一つ丁寧に英文チェックをしていただいたChristopher Knobler氏とRuben Polo-Sherk氏，執筆に際し辛抱強く励ましていただいた音羽書房鶴見書店の荒川昌史氏にこの場を借りて感謝の気持ちを表したいと思います。

　　　　　　　　　　　　　　　　　　　　　　　　　　　　　　　町田　章

本書の特徴

　本書の各ユニットの構成は，Recitation，Part A，Part B，Part C の四部構成になっています。冒頭の Recitation では，そのユニットの代表的な学習事項を含んだ例文を効率よく覚えられるよう工夫してあります。続く Part A，Part B，Part C は，緩やかに，基礎事項の確認，発展事項の追加，実践への適用という流れになっていますが，これは厳密な区別ではなく，基本的に全 Part を通して新たな発見ができるように工夫されています。

　また，本書では隣の頁の見本のように，基本的に左ページに例文と問題が載っています。そして，右ページには板書メモ用のノート欄が設けてあります。一般的な授業では学生がノートを持参して板書や説明事項をノートに書き込むスタイルが多いと思います。しかし，このやり方には問題もあります。ノートを忘れてきたり，ノートをなくしてしまったり，特に，期末試験が終わってしまうと，教科書とノートは別々の場所に保管され，最後にはノートだけが捨てられてしまうこともあります。もったいないことに，こうして，教師から学んだ多くのことは永遠に失われてしまうのです。本書ではこのようなことがないよう，教科書とノートを一体化してあります。教科書にどんどん書き込みながら授業を受け，あなただけの参考書を作ってください。コース終了後には，教科書一杯に書き込みのあるあなただけの参考書が大学時代の思い出とともに残るはずです。

Unit 1, 2頁〜3頁

Unit 1 ことばに表れる人のこころ

Recitation
1. An optimist says the glass is half full. A pessimist says the glass is half empty.
2. You've got to read an English textbook aloud if you want to understand English without translating.
3. Can you tell the difference between "Write with a pencil" and "Write in pencil"?
4. Shizuka is always taking a bath.
5. The old man used to be rich and have a lot of friends.

本ユニットのテーマ

人は同じ一つの状況を異なった気持ち，異なった視点で捉えることができます。そして，文法は話し手がどのようにその状況を捉えているかを表す手段にもなるのです。特に，複数ある言い方の中で，普通の言い方を避けてあえて別の言い方をすると，特別なニュアンスが生じる場合があります。ことばには話し手が心の中で思っていることが自ずと表れてしまうのです。

Part A　Let's discuss it! ➔➔➔➔➔➔➔➔➔➔➔➔➔➔➔

(1) どっちのほうが人数が多いでしょうか？
　There will be few people voting for the US. President in the next election.
　There will be a few students taking part in the teacher's farewell party.

(2) 駅で待ち合わせをした後，一緒にどこかへ行った感じがあるのはどっち？
　I met my ex-girlfriend at the station.
　I met my ex-girlfriend in the station.

(3) 言われて嬉しいのはどっち？
　I felt that you were my true love.
　I feel that you are my true love.

(4) 卒業論文のタイトルとしてはちょっと傲慢に響くのはどっち？
　The Study of English Education in Japan
　A Study of English Education in Japan

(5) 職業を聞かれたときの答えとして，辞めるかもしれないと思いながら答えている可能性があるのはどっち？
　I teach English at this university.
　I am teaching English at this university.

[左ページ]
例文と問題

[右ページ]
板書メモ用のノート欄。
自分の考えや答えとともに先生の解説を書いておこう。

本書の構成

Recitation

　本書では，ユニットの冒頭にそのユニットの代表的な学習事項を含んだ5つの暗唱例文を載せてあります。文法を理解することは重要ですが，それとともに例文を覚えることも英語が上達するためには重要なことです。暗唱はまずスムーズに読めるようになるまで何度でも繰り返し音読することから始めましょう。例文はつっかえながら読んでいるうちは覚えられませんし，覚えても使えるようにはなりません。繰り返し音読してスムーズに読めるようになったら，次は教科書から目を離して空で言ってみる練習です。音読を十分に行っていれば，意外と簡単に覚えられるはずです。そして，何も見ないで言えるようになったら，次は覚えた例文を書き出す練習です。これを各授業の前にこなしておけば，かなりの力がつくはずです。音声を用意しましたので、ダウンロードして利用して下さい。

Part A　Let's Discuss it!

　このパートでは，これまで学んできた英語に関する知識を確認するとともに，その知識を現実の英語に適用することの難しさを体験します。間違いを恐れず，話し合いを通して文法事項の理解を深めてください。

　ここでは，学生はペア，または3～4人のグループになって話し合いを行います。英語で話し合いができるレベルであれば英語で行ってもかまいませんが，無理して拙い英語で浅い議論をするよりも，日本語でかまいませんので深い議論を心がけましょう。とにかく，これまで学んできた英語に関する知識を総動員してお互いの意見をぶつけ合うことが大切です。間違いを恐れてはいけません。大切なのは，自分の考えを持つこととそのような考えを持つに至った理由を正しく相手に伝えることです。「なんとなくこう思う」のような私見を一方的に表明するだけでは，不十分です。必ず，理由を掘り下げて考え，自分なり意見を持ち，それを人に伝え，逆に，人の意見を聞き，その意見を持つに至った理由を理解するよう心がけましょう。

Part B　Choose the correct answer

　このパートでは，RecitationとPart Aで学んだ学習事項の確認とそこでは扱いきれなかった更なる興味深い文法事項や表現を学びます。そのため，前のパートの理解だけでは解けない問題が多く含まれています。問題を通して新しい文法事項や表現を学習するという心づもりで問題に取り組んでください。

　このパートの問題は，通常の練習問題のように各人が個別に取り組んでもかまいませんが，Part Aと同様に，パートナーと相談しながら，答えを見つけていくやり方もお勧めです。なぜその選択肢を選んだのかをパートナーと話し合いながら作業を進めていくと楽しいだけでなく，文法事項の理解が進み，忘れにくくなります。特に，不正解の選択肢についても，それがなぜ不正解なのかを話し合ってみることが重要です。不正解には不正解である理由があるからです。

Part C　Write it in English

　このパートでは，英作文をすることを通して，そのユニットで学習したことをいつどのように使うのかを学びます。従来の教科書では，そのユニットで学んだことを機械的に適用するだけで答えが出ることが多かったと思います。しかしながら，そのような学習法では英語を実際に使用する際に困ってしまいます。なぜなら，どの文法事項を使うのか，どの構文を使うのか，どの単語を使うのかを決定するところがむしろ最も重要でかつ難しいところだからです。どの文法事項，構文，単語を用いるかがあらかじめ指定されている練習問題では本当の意味での実践的な練習にならないのです。

　以上を踏まえて，このパートでは，以下の三つに注意して問題に取り組んでください。一つ目は，その章で学んだことを機械的に当てはめるのではなく，必ず，日本語の文が何を意味しているのか，どんなことが言いたいのかを最初に考えるようにしてください。それから，二つ目は，答えは一つではないということを肝に銘じてください。ただし，いろいろな表現の仕方があるからといって，それらが全く同じ意味を表すわけではないことも理解してください。表現が異なれば意味も異なるのです。その上で，最後には必ず模範解答を覚えるようにしてください。英語らしい表現を身につけるためには，自然な英語をできるだけたくさん覚えることが必要です。特に，本書で挙げられている英語の表現はできるだけ無味乾燥にならないように配慮してありますので，気に入った例文はどんどん覚えていきましょう。

目 次

はじめに ··· iii
本書の特徴 ·· iv
本書の構成 ·· vi

Unit 1　ことばに表れる人のこころ ························· 1
　　　　　(Introductory unit)

Part I　モノとコトを捉える視点 ···························· 9
Unit 2　時の感じ方いろいろ（時制と相の交差点１）········· 10
Unit 3　「た」のいろいろ（時制と相の交差点２）·············· 16
Unit 4　Stone は投げられるか？（可算名詞と不可算名詞）··· 22
Unit 5　聞き手の心を察する力（冠詞）····················· 28
　　Column 1　形が違うと意味も違う ······················ 34

Part II　シンプルな表現だけじゃつまらない ················ 35
Unit 6　動詞を変える（準動詞の世界）····················· 36
Unit 7　コトとコトとの組み合わせ（関係詞）··············· 42
Unit 8　もしもの世界（仮定法）··························· 48
Unit 9　文のバリエーション（基本構文を使う）············· 54
Unit 10　表現の型を探す（豊かな構文の地平）·············· 60
　　Column 2　言語によって世界の見方が違う ·············· 66

Part III　ありのままを受け入れる ························ 67
Unit 11　ウサギ？アヒル？（あいまいな前置詞の世界）······ 68
Unit 12　ことばの相性（コロケーション）·················· 74
Unit 13　実例から学ぼう（英語らしさの探究）·············· 80
Unit 14　英語の発想に近づく（「らしさ」を生み出す表現）··· 86
　　Column 3　コミュニケーションに文法は不要だと言うけれど ······ 92

Further Reading ·· 93
Task Sheet

Unit I

ことばに表れる人のこころ

(Introductory unit)

　高校までの学習では一つの問題に対して一つの答えがあることが多かったと思います。特に，正解・不正解をはっきりさせなくてはならない大学入試ではその傾向が強くなります。これは仕方のないことです。でも，現実世界では答えは一つではないことがたくさんありますね。言葉に関しても同様です。ある事柄を表現したいとき，表現の仕方は一つとは限りません。いろんな表現があるのです。もちろん，異なった表現を使うのには訳があります。「千円もある」と言うのか「千円しかない」と言うのかでは同じ千円でも明らかに異なった捉え方をしていることを表しています。客観的には同じ出来事でも話し手の捉え方によってどのように表現するかが異なってくるのです。文法は無味乾燥なルールではありません。話し手が出来事をどのように捉えているかを聞き手に伝える大切な道具なのです。このことを実感するために，次のUnit1では，話し手の捉え方が端的にことばに表れている例を集めてあります。文法項目ごとに整理されていませんので，これまで学んだ英語に関する知識を総動員してチャレンジしてみましょう。

 ことばに表れる人のこころ
(Introductory unit)

■ Recitation ■

1. An optimist says the glass is half full. A pessimist says the glass is half empty.
2. You've got to read an English textbook aloud if you want to understand English without translating.
3. Can you tell the difference between "Write with a pencil" and "Write in pencil"?
4. Shizuka is always taking a bath.
5. The old man used to be rich and have a lot of friends.

■ 本ユニットのテーマ ■

人は同じ一つの状況を異なった気持ち，異なった視点で捉えることができます。そして，文法は話し手がどのようにその状況を捉えているかを表す手段にもなるのです。特に，複数ある言い方の中で，普通の言い方を避けてあえて別の言い方をすると，特別なニュアンスが生じる場合があります。ことばには話し手が心の中で思っていることが自ずと表れてしまうのです。

Let's discuss it! ➔➔➔➔➔➔➔➔➔➔➔➔➔➔➔➔

(1) どっちのほうが人数が多いでしょうか？

There will be few people voting for the US. President in the next election.

There will be a few students taking part in the teacher's farewell party.

(2) 駅で待ち合わせをした後，一緒にどこかへ行った感じがあるのはどっち？

I met my ex-girlfriend at the station.

I met my ex-girlfriend in the station.

(3) 言われて嬉しいのはどっち？

I felt that you were my true love.

I feel that you are my true love.

(4) 卒業論文のタイトルとしてはちょっと傲慢に響くのはどっち？

The Study of English Education in Japan

A Study of English Education in Japan

(5) 職業を聞かれたときの答えとして，辞めるかもしれないと思いながら答えている可能性があるのはどっち？

I teach English at this university.

I am teaching English at this university.

Part B Choose the correct answer ➡➡➡➡➡➡➡➡

(1) 僕と結婚してください。
{Will / Can} you marry me?

(2) あの映画，絶対見なよ。ストーリーと音楽の調和が絶妙だよ。
You {have to / should} see the movie. The story and soundtrack go perfectly with each other.

(3) その先生は，TA にスライドショーを手伝ってもらった。
The teacher {had / made} the teaching assistant help with the slide show.

(4) 万一彼氏から電話がきたら，ここにはいないと言ってね。
If my boyfriend {rings up/ should ring up], say that I am not here.

(5) 先生は人前で英語を話す自信はほとんどなかった。
The teacher has {a little / little} confidence in speaking English in public.

(6) 「行かないで」と言えばよかった。そしたら，今頃は私たち一緒にいたかも。
I {didn't say / should have said} "Don't leave." Then we might be together now.

(7) その宇宙探査機は新しく発見された惑星に月を見つけた。
The space probe just discovered {a / the} moon of the newly-discovered planet.

(8) 一つの言語を学ぶにつれ，私は少しずつ言葉それ自体に興味を持つようになった。
As I learn {a language / language}, I gradually become interested in {a language / language} itself.

(9) ジョンには彼女はいない。それどころか友達もいない。
John has no {girlfriend / girlfriends}. In fact, he has no {friend / friends}.

(10) 学生は全員パソコンを一台ずつ授業に持ってくるように。
{Every / All} student must bring a laptop to class.

Part C Write it in English

(1) カエルは死んだものは食べない。

(2) 昼飯食べた？　一緒に食べない？

(3) まだ着かないの？（子供が車の後部座席でぐずっている場面で）

(4) 大学生の間にもっと英語を練習しておけばよかった。

(5) 私は以前 YouTube に動画を投稿したことがある。

(6) ホワイトハウスは東京が彼らを裏切ったことに気づいた。

(7) 英語を話す人たちはみな国際的であるという社会通念について少し落ち着いて考えてみた方がいい。

Part I

モノとコトを捉える視点

　人間は知覚したものをそのまま受け入れるわけではありません。必ず，自分なりの視点で物事を捉え直しています。そのため，同じ物体（モノ）に関しても，個体として捉えたり，物質として捉えたり，抽象的な概念として捉えたりすることができます。同じことは，出来事（コト）に関しても言えます。例えば，ある出来事を現在から切り離された過去のこととして捉える場合もあれば，現在の状況の一部として捉える場合もあるのです。

　その上，人間は自分の捉え方だけでなく，他者の立場に立って物事を捉えることもできるようです。例えば，「太郎の右」という表現で話し手にとっての「右」だけでなく，太郎にとっての「右」を表すこともできるのは，話し手が太郎の立場に立って物事を見ることができるからです。このように様々な捉え方や視点でモノやコトを捉える人間の能力は，名詞や冠詞，時制や相の使い方に深く関わっています。

Unit 2 時の感じ方いろいろ（時制と相の交差点１）

Recitation

1. Jack wears glasses, but he is wearing contact lenses today.
2. I will pick Betty up soon because she has already arrived at the station.
3. As the Earth spins, it goes around the sun.
4. Think about what you will do, after you pass the exam.
5. I have been studying English for nearly six years.

本ユニットのテーマ

通常，出来事を表すときは，必ず，その出来事を時間との関係で述べる必要があります。その出来事がいつのことなのかを表す形式を時制（過去，現在，未来）と呼び，出来事の最中なのか，終わったことなのかなどを表す形式を相（アスペクト）と呼びます。ただし，話し手にとっての時間は客観的なものではありません。話し手がその出来事を時間との関係でどう捉えているかがカギとなります。

Part A Let's discuss it!

(1) 未来のことなのに will を使わないのはなぜ？

　　Tomorrow is my birthday.

　　Today's night game begins at 6 pm.

(2) 走る習慣が定着しているのはどっち？

　　The professor is running every day for his health.

　　The professor runs every day for his health.

(3) 午前中の発言はどっち？

　　The flower didn't bloom this morning.

　　The flower hasn't bloomed this morning.

(4) 通常進行形にできない like が進行形になっているのはなぜ？

　　I was liking the professor until she scolded me about using my phone during the class.

(5) ジェーンがまだ到着していないのはどっち？
Jane is coming to my place to borrow my camera.
Jane has come to my place to borrow my camera.

Part B Choose the correct answer

(1) 電話は僕が出るよ。

I {will / am going to} answer the phone.

(2) あなたは一箇所間違えている。

You {made / are making} a mistake.

(3) お父さんは今日出張に行っている。

My father {is going / has gone} on a business trip today.

(4) 今言おうと思ったのに言っちゃうんだものなぁ。

I {am / was} going to say that but you {say/ said} it first.

(5) 夢をあきらめている人に未来はない。

There will be no future for those who {have given / are giving} up their dreams.

(6) あの先生は奈良の大仏に似ている。

That teacher {resembles / is resembling } the Great Buddha of Nara.

(7) あの学生はよく授業をさぼってあのベンチに座っている。

The student often skips class and {sits / sits down} on the bench.

(8) トーマスはトップハムハット卿の待つ駅にもうすぐ到着する。

Thomas {is arriving / has arrived} at the station where Sir Topham Hatt is waiting.

(9) シェイクスピアは，愚者は自分が賢いと思い，賢者は自分が愚かだと知っていると述べている。

Shakespeare {says / is saying} that a fool thinks himself to be wise, but a wise man knows himself to be a fool.

(10) 学生たちはこれからその法律改正に反対するデモを行うところだ。

The students {have / are about to have} a demonstration against the amendment.

Part C Write it in English

(1) あっ，お風呂があふれている！（解釈は二つあります）

(2) 水は100度で沸騰し，0度で凍る。

(3) 私の指導教官はいつも学生のスマホについて文句ばかり言っている。

(4) 来年の今頃は留学していて，たくさんの素晴らしい経験をしているんだろうな。

(5) アインシュタイン博士は，神はサイコロ遊びはしないと信じていた。

(6) もし明日台風が直撃したら，せっかくの野外コンサートの準備が台無しだ。

(7) 私たちが研究上の問題の解決策を思いついたときには他のグループはすでに実験に入っていた。

Coffee Break

通常，love などの状態動詞は進行形にできないと言われています。しかしながら，これは絶対に守らなければいけないルールではありません。もちろん，正当な理由があれば，進行形にすることもできます。実際，マクドナルドのコマーシャルで流れている I'm loving it. なんていうのもありますね。I love it. とどこが違うのでしょうか？

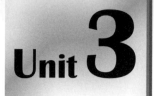

Unit 3 「た」のいろいろ（時制と相の交差点 2）

Recitation

1. Don't be proud or ashamed of what you have done before.
2. There used to be a huge theme park here, back during the bubble.
3. The little girl still believed that storks would bring her babies in the future.
4. I was texting on the smartphone when the teacher came over to me.
5. I hear that Shizuka has accepted Nobita's marriage proposal.

本ユニットのテーマ

日本語の「た」と英語の過去を表す ed は全く同じというわけではありません。日本語をそのまま英語に訳すのはやめて，伝えたい内容を考えてみましょう。特に，英語の場合，過去形にするか現在完了形にするかで話者の気持ちや異なった視点を表すことがあります。

Part A Let's discuss it!

(1) 変なのはどっち？

The flowers in the garden survived the typhoon, but died from the heat.

The flowers in the garden have survived the typhoon, but died from the heat.

(2) 大学教員の最終講義に相応しいのはどっち？

Although I have taught English for thirty years, I'm still not confident in my knowledge of English.

Although I have been teaching English for thirty years, I'm still not confident in my knowledge of English.

(3) 試験に合格できたことを確実に伝えることができるのはどっち？

I could pass the exam.

I passed the exam.

(4) 以下の二つの文，表している出来事は同じ？

The final exam had begun when the student arrived at the classroom.

The final exam began before the student arrived at the classroom.

(5) クラブに行ったのが一回だけの可能性があるのはどっち？

When I was in college, I went dancing in a club.

When I was in college, I would go dancing in a club.

Part B Choose the correct answer

(1) お風呂が沸いたよ。
The bath {is / was} ready.

(2) 二度もぶった。おやじにもぶたれたことないのに。
You hit me twice. I {have never been / was never} hit, even by my dad.

(3) ちょっと早めに飲み会を抜け出したので終電に乗ることができた。
We left the party a little bit early, and we {caught / could catch} the last train.

(4) 僕はずっと前に入試に失敗したことがある。
I {failed / have failed} an entrance exam a long time ago.

(5) 歯をちゃんと磨いた後ならキスしてあげる。
I'll kiss you after you {brush / brushed} your teeth.

(6) 彼は病気から回復したのに，また具合が悪くなってしまった。
John {recovered / has recovered} from his illness, but he got ill again.

(7) この講義が始まってからずっと眠い。
I {am / have been} sleepy since this lecture began.

(8) 私がラインのアカウントを作ったのを夫に言う前に夫はそれに気づいた。
My husband noticed that I {created / had created} a LINE account before I told him.

(9) さよならを言うときがきた。
The time {came / has come} to say good-bye now.

(10) 向こうを見て，お神輿が来たよ！
Look over there! Here {comes / came} the portable shrine!

Part C Write it in English

(1) 僕は自分は有名大学に進学すると思ってた。

(2) しずかちゃんがいないんなら明日来るんだった。

(3) やばい！　今日は結婚記念日だったことを忘れてた。

(4) 僕はかつてバットで飯を食うと本気で思っていた。

(5) スーザン，私はあなたに私の人生最大の拍手を送ります。

(6) あなたに会えて本当によかった。うれしくて言葉にできない。

(7) 何年も日本に住んでいるのに一言も日本語を話せない外国人がいる。

Unit 4　Stone は投げられるか？（可算名詞と不可算名詞）

Recitation

1. The gigantic statue of the president on campus is made of stone.
2. Quite a few teachers have felt like throwing stones at the statue.
3. Would you like some more coffee?
4. Can I have two black coffees, please?
5. It took so many years of blood, sweat and tears to master English.

本ユニットのテーマ

英語の名詞は，通常，可算名詞と不可算名詞に分けられていますが，実際には同じ名詞がどちらの名詞としても使われることがあります。可算名詞か不可算名詞かの区別は絶対的なものではなく，英語の慣習や話し手がどのようにモノを捉えるのかに大きく左右されるのです。

Part A　Let's discuss it!

(1) ホラー映画のようで不気味なのはどっち？

　　I ate a chicken in the backyard last night.

　　I ate some chicken in the backyard last night.

(2) ネコがかわいそうなのはどっち？

　　When I was driving to school today, I saw a cat on the road.

　　When I was driving to school today, I saw cat on the road.

(3) 「サザエさん」に出てくる波平さんについて，当たっているのはどっち？

　　Namihei has a long hair.

　　Namihei has long hair.

(4) 変なのはどっち？

　　There won't be a large audience just because the scientist is beautiful.

　　There won't be a large spectator just because the scientist is beautiful.

(5) 「ポケットの中にはビスケットがひとつ。ポケットをたたくとビスケットはふたつ」という歌（「ふしぎなポケット」）がありますが，この最後の部分を英訳したものはどっちでしょう？

I had two pieces of biscuit after patting my pocket.

I had two biscuits after patting my pocket.

Part B Choose the correct answer →→→→→→→

(1) 先生は毎日たくさんの宿題を出します。僕は一度もやったことはないけど。

My teacher gives us a lot of {assignments / homeworks} every day, and I have never done any.

(2) 先生たちは大学からの給料にいつも不平ばかり言っている。

Professors are always complaining about their {salaries / pays} from the university.

(3) おつりが数えられないのにどうやって商売をするというのか？

How can you run a business when you cannot count {change / changes}?

(4) テーブルの上にたくさんの皿（皿の山）がある。

There is {a pile of / a lot of} dishes on the table.

(5) いい天気だから散歩に行こうよ。

It is a beautiful day. Why don't we go for {walk / a walk}?

(6) 言語学はことばの研究です。

Linguistics is the study of {languages / language}.

(7) 昆虫学は昆虫の研究です。

Entomology is the study of {insects / insect}.

(8) 僕の妻はダイヤモンドと金に目がない。

My wife has an irresistible passion for {diamond / diamonds} and {gold / golds}.

(9) 暇つぶしに映画でも行きませんか？

Shall we go to {movie / the movies} to kill {time / a time}?

(10) ちょっと，誰かいますか？トイレに紙がないんです。

Hey. Someone there? There {is no paper / are no papers} left in the stall.

Part C Write it in English

(1) カツオくんはクラスで一番成績が良いが，授業中はいつも寝てばかりいる。

(2) どれくらい証拠があれば，あなたは私の話を信じてくれるのだろうか？

(3) そのインストラクターは毎日の運動に関してアドバイスしてくれた。

(4) この秋はまあまあのお米の収穫が見込まれる。

(5) 抽象的な概念は数えられると思いますか？

(6) 愛の絆は暴力の連鎖を超えられるか？

(7) あなたの研究室には怪しげな装置がたくさんあるんですよね？

Coffee Break

可算名詞には不規則な複数形を持つものがあります。例えば，mouse の複数形は mice，ラテン語語源の stimulus, focus の複数形は stimuli, foci ですよね。では，Mickey Mouse のぬいぐるみを2つ持っている場合，トヨタのプリウスを2台持っている場合はどうでしょう？ I have two Mickey {Mice / Mouses}. I have two {Prii / Priuses}. 調べてみよう。

Unit 5 聞き手の心を察する力（冠詞）

Recitation

1. An empty sack cannot stand upright.
2. Language is not only a tool for communication but also material for and of thought.
3. The university is an academic institution where snobs, deviants and idlers play together.
4. Tigers run on the ground, swallows fly in the sky, and carp swim in the water.
5. The best way to predict the future is to invent it.

本ユニットのテーマ

どの冠詞を使うかは話し手が聞き手の持っている知識を想定して決めます。the は話し手が指し示しているものが聞き手に特定できるとき，a は聞き手に特定できないときに使われます。これは，逆に言うと，話し手は the (a) を使うことによって，あなたには特定できますよ（特定しなくてもいいですよ）というメッセージを聞き手に伝えていることにもなります。

Part A Let's discuss it!

(1) John と Paul，結婚してないのはどっち？
John has been busy in his life, so he hasn't had enough time for a wife.
Paul has been busy in his life, so he hasn't had enough time for his wife.

(2) 次の文には二つの異なった解釈があります。どのような解釈ですか？
I want to marry an IT entrepreneur.

(3) 通りがかりの人に道を尋ねる場合，ふつう使われるのはどっち？
Where is the post office?
Where is a post office?

(4) 次の3つ文はすべて正しい英語ですがイメージが少し異なります。それぞれの文で話し手が意図しているイメージをそれぞれ下の図の中から選びましょう。なお，小さな円は個々の narwhal を指します。

The narwhal is a medium-sized toothed whale that possesses a large tusk.
A narwhal is a medium-sized toothed whale that possesses a large tusk.
Narwhals are medium-sized toothed whales that possess a large tusk.

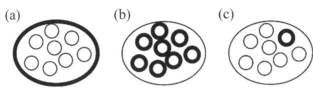

(5) 次の二つの文は解釈が異なります。どう違うのでしょうか？

I want to play the guitar.

I want to play a guitar.

Part B Choose the correct answer →→→→→→→→→

(1) 図書館にはよく行きますか？

Do you often go to {the / a} library?

(2) トイレを貸してもらえませんか？

Can I use {a / the} bathroom?

(3) 反復練習は上達するための唯一の方法です。

Repeated practice is {a / the} only way to develop your skills.

(4) 私はリンゴが好きです。

I like {an apple / the apple / apples}.

(5) 車は修理が必要だと思ったんだけど，ただのバッテリー切れだった。

I thought the car needed repairing, but I found that just {a / the} battery was dead.

(6) 田中さんという人が会いたがっているよ。

{Mr. Tanaka / A Mr. Tanaka} wants to see you.

(7) 今年の夏，初めてアメリカに行ったんだけど，一番印象に残ったのは空港だった。

I went to the US. for {a / the} first time this summer. What I was most impressed with was {an / the} airport.

(8) あのマイケル・ジャクソンに会ったって言うんですか？

Are you saying that you met {THAT / THE} Michael Jackson?

(9) 私はゴッホの人生を研究しています。彼は苦難の人生を送りました。

I am studying { a / the } life of van Gogh. He had {a / the} life of hardship.

(10) パンダは絶滅の危機にあります。

{A / The} giant panda is almost extinct.

Part C Write it in English

(1) 彼のお父さんは，ただ単にこの学校の先生であるだけではなく，実はこの学校の校長先生です。

(2) できるだけ早くお医者さんに行った方がいいよ。

(3) よい教科書というものは，ただ単に役に立つだけでなく洞察力に溢れていなければならない。

(4) 知らない人が私の肩を叩いてきた。

(5) 学会とは，教師とかつての教え子が顔を合わせる同窓会以外の何物でもない。

(6) 何が問題なのですか？

(7) 私は心からある他の大学に入りたかった。僕にとってはそこ以外は何の意味も持たなかった。

Column 1

形が違うと意味も違う

　多くの日本人英語学習者はこれまで何度となく書き換え問題を解いてきたはずです。「次の能動文を受身文に換えよ。」とか，「次の第四文型（SVOO）の文を第三文型（SVO）を用いて書き換えよ」とか。でも，本当にある表現を別の表現を用いて書き換えることなんてできるのでしょうか？

　もちろん，ほんの些細な部分でも変えてしまえば意味は変わってしまいます。まして，用いられている構文を変えるとなれば，なおさらです。例えば，以下の文は同じ意味を表していると言えるのでしょうか？上の文は第五文型（SVOC），下の文は that 節を用いた第三文型（SVO）ですが，それ以外に意味の違いはないのでしょうか？

　　I find it interesting.
　　I find that it is interesting.

実は，前者は主語が直接やってみてそれが興味深いとわかった感じが強く出ますが，後者は誰かから教えてもらってそれが興味深いとわかった感じがあります。つまり，直接経験か間接経験かという違いがあるようなのです。そんな細かいことはどうでもいいと思わないでください。例えば，次の場合では，主語が聞いた音は全く異なります。それぞれどんな音だかわかりますか？

　　I heard the car crash.
　　I heard that the car crashed.

上の二つの文の違いは，前者は主語が車がぶつかる音を聞いた場合，後者はその車が事故にあったということを聞いて知った場合に使います。つまり，前者で主語が聞いたのは金属音で，後者で主語が聞いたのは人の声です。

　このように，文を一部でも変えたら意味が変わってしまうことを覚えておいてください。書き換え問題は英語を学習するうえでは欠かせないものですが，異なった二つの表現が全く同じ意味を表すことはないのです。どちらを使ってもよい場合ですら，ニュアンスや含意，前提が異なる場合が多いのです。

Part II

シンプルな表現だけじゃつまらない

　人類は，簡単な道具を用いてより高度な道具を作り，これを繰り返すことで，ついには精緻なコンピュータまでも作り上げてきました。思考の道具でありコミュニケーションの道具でもある言語も例外ではありません。言語は込み入った思考を組み立て，それを効果的に表現できるように進化してきたのです。Part IIでは，まず複雑な思考の組み立て方を学びます。表現を組み合わせてより複雑な表現を作るのです。次いで，話し手の思考を効果的に聞き手に伝える表現のバリエーションとしての構文を学びます。例えば，「雨が降った」と言うかわりに受動構文を用いて「雨に降られた」と言うと，能動文にはなかったニュアンスが生じますね。このように，同じ状況を表現する複数の構文が用意されていると，表現にバリエーションができ，コミュニケーションがより豊かになるのです。英語にも話し手の様々な気持ちや情報を効果的に相手に伝えるために構文が数多く発達しています。

Unit 6 動詞を変える（準動詞の世界）

Recitation

1. Seeing is believing, to be sure, but I am convinced as well that believing is seeing.
2. Why don't you give up looking for a shortcut to master English?
3. The mother was neglecting her baby at a McDonald's, texting on social media.
4. Students are ready to change when they get their confidence crushed.
5. Shakespeare has Hamlet say, "To be, or not to be: that is the question."

本ユニットのテーマ

日常生活において，人はしばしば同じものを異なった用途に用います。例えば，新聞紙が本来の用途を離れて異なった用途に使用されるのは日常茶飯事です。同じように，動詞も準動詞に形を変えることによって本来の用途から離れることができます。名詞として使われたり，形容詞として使われたり，副詞として使われたりするのです。

Part A Let's discuss it! →→→→→→→→→→→→→→→→

(1) born の場合は to 不定詞で，busy の場合は～ing が続くのはなぜ？
   I was born to love you.
   I was busy loving you.

(2) 次の文には drinking が二つあります。動名詞ですか？現在分詞ですか？
   You should avoid drinking drinking water in that country.

(3) 銀行強盗の目撃証言としてより証拠力が強いのはどっち？
   I saw the man enter the bank.
   I saw the man entering the bank.

(4) 常識的に考えて変なのはどっち？
   Soseki had the barber refrain from shaving his mustache.
   Soseki got the barber to refrain from shaving his mustache.

(5) 先生たちが嫌々やらされている感じがあるのはどっち？

The management has the teachers conduct their classes in English.

The management makes the teachers conduct their classes in English.

Part B Choose the correct answer →→→→→→→→→

(1) 裸足の女性が追いかけているネコはタマではないですよね？
The cat {chasing / being chased} by the barefoot woman isn't Tama, is it?

(2) 親というものは，子どもたちが幸せな人生を送ることを願うものだ。
Parents want their children {living / to live} a happy life.

(3) 現金とカード。お支払いはどうなされますか？
How would you like {paying / to pay}? Cash or credit?

(4) 私は地獄の底から何かがよみがえったのを感じた。
I felt something {arise / to arise} from the nethermost hell.

(5) その先生は授業中，学生たちにペアワークをさせた。
The teacher {got / had} her students do pair work in class.

(6) ラジオから流れるお気に入りの曲に合わせて歌うと自然に微笑みがこぼれた。
I would sing along with my favorite songs {playing / played} on the radio, which {had / made} me smile.

(7) ジェーンが遅れてやってきたので，友達は怒った。
Jane came late, {made / making} her friends angry.

(8) 私が課題を出したことを覚えていなかったら，そう教えてください。
Please let me {to know / know} if I don't remember {giving / to give} you an assignment.

(9) 私は夏休みの終わりまでに何とか娘の宿題を終えることができた。
I managed {finishing / to finish} my daughter's homework by the end of the summer vacation.

(10) 結婚するときは，元カレと撮った写真は全部捨てたほうがいいかな？
Should I discard the pictures {to take / taken / taking} with my ex-boyfriends when getting married?

Part C Write it in English

(1) 犬が水泳プールで泳いでいるのが見えますか？

(2) 人と違う生き方はしんどいよ。言い訳できないからね。

(3) コナンはその娘に必ず来ると約束したので，その娘はコナンが来ると信じていた。

(4) わたしのためにパズーを海賊にしたくない。（パズーに話しかけている）

(5) 昨夜ママがサンタにキスしてるのを見ちゃって落ち込んでるんだ。

(6) どんなに大変でも，一度仕事を引き受けた以上，それを放棄することは許されない。

(7) 外から見ると，あなたの悩みはあなたが思うほど深刻ではない。

Unit 7　コトとコトとの組み合わせ（関係詞）

─ Recitation ─

1. The stake that sticks out too far cannot be hammered in.
2. No one wants to die. Even people who want to go to heaven don't want to die to get there.
3. That student is dissatisfied with the English education he has received.
4. Do not let what you cannot do interfere with what you can do.
5. The teacher's joke made us all laugh, which broke the tense atmosphere.

本ユニットのテーマ

人間は複雑なことを考えます。特に，あるアイディアの中に別のアイディアを入れ込み，そのアイディアの中にまた別のアイディアを入れ込むなどして無限に複雑なアイディアを作り出すことができるのです。当然，言語もこのような複雑な思考を表すことができるようになっているはずです。実際，文の中に名詞を入れ，名詞の中に文を入れることで，より複雑で細かな概念をことばで表すことができるのです。

Part A　Let's discuss it! ➔➔➔➔➔➔➔➔➔➔➔➔➔➔➔➔➔➔

(1) 次の文はどんな意味でしょうか？

Frogs frogs eat eat frogs frogs eat.

(2) この文の主動詞はどれでしょうか？

The feeling that you have to be sure of what you want to write before you start writing sometimes prevents you from writing research papers.

(3) 「あの人はお酒が飲める顔をしている」により近い意味を表している英文はどっち？

That man has a face which can drink a lot of alcohol.

That man looks like he can drink a lot of alcohol.

(4) 関係詞が異なるのはなぜでしょう？

Horyu-ji is the temple which Shotoku-taishi built.

Horyu-ji is the temple where generations of monks have been training.

(5) which の先行詞はどれでしょう？

I will climb the mountain, one of the peaks of which you can see.

Part B Choose the correct answer ➔➔➔➔➔➔➔➔➔

(1) あれがシェイクスピアが住んでいた街だ。

That is the town {which / where} Shakespeare lived in.

(2) 僕には帰れるところがあるんだ……こんなに嬉しい事はない。

I have a place to call home, {which / where} is the best feeling.

(3) できなかったことができるようになるという経験をできるだけたくさんしたほうがいい。

You should have as many experiences as possible {which / from which} you learn to do what you can't do.

(4) 誰が止めたとしても，学長は決して大学"改革"を止めないだろう。

{Who / Whoever} tries will fail to get the president to give up the "restructuring" of the university.

(5) ジョンにはたくさんのライバルがいるので，より激しい練習をする必要がある。

John has a lot of rivals, {who / which} makes him train harder.

(6) 僕は将来悪の軍団から世界を守るヒーロー戦士になりたかった。

I wanted to be a superhero in the future {when / who} saves the world from evil raiders.

(7) その省は教員の一人がハラスメント事件に関与した大学に行政指導を行った。

The ministry took an administrative measure with the university one of the professors {which / of which} got involved in some harassment case.

(8) 人々は物事をあるがままに見ず，自分が望むように見る。

People will not look at things {which / as} they really are, but {which / as} they want them to be.

(9) 僕の夢は，その選手がホームランを打ったバットを手に入れることだった。

My dream was to obtain a bat {which / with which} the player hit a homerun.

(10) 人生は短い。あなたが成し遂げたいことに直接つながることをやりなさい。

Life is short. Do {things / what} will get you directly to {which / what} you want to achieve.

Part C Write it in English

(1) 車が来る音が聞こえた。

(2) 私は将来英語が話せる仕事に就きたい。

(3) 自分はうそつきですと言っている人の言うことは信じられますか？

(4) お寿司を食べた手でさわらないで。

(5) ウェディングドレスを着たあなたはさぞかしきれいでしょうね。

(6) 読書習慣のない人たちは情報収集はインターネットで十分だと考える傾向がある。

(7) あなたはやりたいことをする前にやりたくないこともしなければなりません。

Unit 8　もしもの世界（仮定法）

16–17

― Recitation ―

1. If today were the last day of my life, would I want to do what I am about to do today?
2. If it were not for small stones, large stones would not lie well.
3. Newton writes, "If I have seen further, it is by standing on the shoulders of Giants."
4. A good teacher wouldn't do such a thing.
5. Without my injury, I could have run the race.

本ユニットのテーマ

英語には，if 節の有無にかかわらず，話し手が事実ではない（ありそうにない）と思っていることを述べるときに時制を過去にずらす慣習（現在→過去，過去→過去完了）があり，これを仮定法といいます。逆に言うと，話し手が仮定法を使うか使わないかで，話し手が話しの内容に対しどう思っているかを聞き手に合図することになります。

Let's discuss it! →→→→→→→→→→→→→→→→→

(1) これからあなたは入学試験を受けるとします。親から言われて嬉しいのはどっち？
　　If you pass the exam, I will buy you a car.
　　If you passed the exam, I would buy you a car.

(2) 大学の先生に向かって言わない方が無難なのはどっち？
　　If you solve the problem, your theory will be perfect.
　　If you were to solve the problem, your theory would be perfect.

(3) なぜ三つの動詞（live, was, will be）の時制がバラバラなのでしょうか？
　　If you live each day as if it was your last, someday you'll most certainly be right.

(4) 大地震が起こる可能性は少ないと思っているのはどっち？
　　If a huge earthquake strikes this Sunday, all the events will be cancelled.
　　If a huge earthquake should strike this Sunday, all the events would be cancelled.

(5) 友達のお見舞いに行くときの会話です。ニュアンスの違いは何ですか？

I hope that John is well today.

I wish that John were well today.

Part B Choose the correct answer →→→→→→→→→→

(1) 仮にあなたがコアラの赤ちゃんだったら，とんでもないものを食べなければならないだろう。

If you {are / were} a baby koala, you {will / would} have to eat disgusting things.

(2) もしあなたが何かで成功したいなら，そのことに生活のすべてを捧げなければならない。

If you {were / are} to succeed in something, you {must / had to} commit your whole life to it.

(3) 遠くから見れば，そのアイドルはもうちょっとカッコよく見えるかもね。

{If you saw / Seen} from far away, the pop idol might look a little bit cooler than he really is.

(4) もしあの相続金がなかったら，大学に入学できなかっただろう。

If it {were not / had not been} for my inheritance, I couldn't {enroll / have enrolled} in the university.

(5) 私はあの哲学者がまるで自分がソクラテスであるかのような話し方をするのが嫌いです。

I hate the way the philosopher talks as if he {is / were} Socrates.

(6) ある人物の人柄を深く知りたかったら，その人と一緒に働いてみるのが一番良い。

If you {want / wanted} to understand someone's personality deeply, it might be best to work with the person.

(7) もしあの時私の本当の気持ちをあなたに伝えていたら，今頃私たちは私たちの子供たちと一緒に幸せに暮らしていたかも。

If I {expressed / had expressed} my true feelings for you then, we {would be living / would have lived} happily with our kids now.

(8) ウルトラマンたちはもっと長く戦えたらいいのに。

We wish the Ultramen {can / could} fight longer.

(9) 他のどんなユーチューバーでもあんな馬鹿げた動画は作れない。

No other YouTubers {can / could} make that stupid movie.

(10) 学生時代の自分と話すことができたら，何事に対しても積極的にやるようアドバイスできるのに。

With a chance to talk to myself as a student, I {will / would} be able to advise myself to stay active with everything.

Part C — Write it in English

(1) もし私があなたの妻だったら、あなたのお茶に毒を入れるわ。

(2) もしここにドラえもんがいたら、最初に何を頼みますか？

(3) 正しいことをしたかったら偉くなれ。

(4) もしあの先生が英語母語話者ではなかったら、文法に関する私の質問に答えられたのだろうか？

(5) どんな仕事でも小さく分解して一つずつ片づけていけば成し遂げられる。

(6) たとえ私が鳥になったとしても、それがダチョウだったら、あなたのもとには飛んでいけない。

(7) 先生がアドバイスしてくれたように英語の音読を続けていればよかった。

Unit 9　文のバリエーション（基本構文を使う）

18–19

Recitation

1. Please call me a cab, but don't call me "a cab."
2. I will be loved by a better man than you are.
3. It is only the neurons that find a job that can survive in the brain.
4. You can't find your dream from outside yourself but can make one through your own actions.
5. Once upon a time, there lived an old man and an old woman.

本ユニットのテーマ

文は構文という単位で分類することもできます。いわゆる，五文型と言われているものもそれぞれが構文ですし，受動構文，比較構文，強調構文など，さまざまな構文があります。それぞれの構文はそれぞれの存在意義を持ちますので，たくさんの構文を学習し適切に使えるようになると表現のバリエーションが豊かになります。

Part A　Let's discuss it!　

(1) 次の文の *me*，人間である可能性がないのはどっち？
Uncle Jam baked me.
Ms. Batako baked me a cake.

(2) 次の文はどんな意味でしょうか？
Those who think themselves already too wise to learn from others will never succeed in doing anything.

(3) 次の二つの文のニュアンスの違いはなんでしょう？
My wallet was stolen.
I had my wallet stolen.

(4) ジョンが天才だと思っているのは誰でしょう？
John must be a genius.
John is said to be a genius.

(5) That book was bought by John. この英文の意味により近い訳はどっち？

あの本はジョンに買われた。

あの本はジョンが買った。

Part B Choose the correct answer →→→→→→→→→

(1) その新興 IT 企業のいくつかは数年後まで生き残ると言われている。
　　Some of the emerging IT companies {are told to / are said to} survive for only a few years.

(2) 学生の意見が先生よりも正しいことはよくある。
　　Students' opinions are sometimes closer to the truth than {teachers / teachers'}.

(3) 努力しない天才が才能に恵まれない努力家より成功することはあまりない。
　　A genius without effort is not likely to be {as / less} successful {as / than} a hard working person without a gift.

(4) 人工知能技術はわれわれの社会を根本から変えると考えられている。
　　{This / It} is thought that AI technology will force our society to change fundamentally.

(5) 家に帰ると，警察が僕を待っていた。
　　When I came home, {they / there} were police officers waiting for me.

(6) 先生は英語で間違うのは気にするなと言った。
　　The teacher {said / told} me that I should not worry about making mistakes in English.

(7) 偉大な人たちが何かを成し遂げるのは，才能に恵まれたからではなく最後まで耐え抜く意志を持っているからである。
　　It is not because they have a natural talent {and / but} because they have the will to persevere {which / that} great people accomplish things.

(8) この暑い日に赤ちゃんを一人で車に残すようなバカな親はいないと信じたい。
　　I want to believe that no parents are stupid {enough / so} to leave their baby in the car on such a hot day.

(9) 問題なのは，物事の外観よりもむしろその本質である。
　　The question is {not so much / much less} how it looks {as / than} what it is.

(10) そのアイドルはストーカーを逮捕してもらったようだ。
　　The teen idol seems to have had her stalker {to be arrested / arrested}.

Part C Write it in English

(1) 立ち止まらなくては見えない景色がある。

(2) 君を一生幸せにできるのは僕だけだ。

(3) カエルは口ではなく肌から水を飲む。

(4) 自然の書物は数学の言葉によって書かれている。

(5) この大学はあの大学に吸収合併されると噂されている。

(6) ジョン・レノンは妻と子を残して亡くなった。

(7) 僕は君が思っているよりもずっとましな人間なんだ。

Coffee Break

Unit 9では代表的な構文を取り上げましたが，近年，これまで構文とは認識されてこなかったような様々な表現の型も構文とみなされるようになってきました。英語話者は，単語と文法だけでなく，表現の型である構文を自在に使いこなしながら，場面に応じて最適な表現を使い分けているのです。興味深い表現の型に気づいたらその都度メモしておき，使える構文のレパートリーを増やすようにしてください。適材適所に構文が使えるようになると言いたいことをストレートに表現できるようになります。

Unit 10　表現の型を探す（豊かな構文の地平）

─ Recitation ─

1. The more you write, the better you are at writing.
2. Reading books is to the mind what muscle training is to the body.
3. To be sure, students learn social skills from part-time jobs, but they also waste precious study time.
4. Leave me alone, or I will call the police.
5. I wonder why some people find love easily and others don't.

本ユニットのテーマ

Unit 9 では代表的な構文を取り上げましたが，ここでは，これまで構文とは認識されてこなかったような様々な構文を取り上げます。その中には従来の文法に従わないものもありますが，それぞれの構文がそれぞれ独自の存在意義を持っていますので，構文として是非覚えてください。

 Let's discuss it! →→→→→→→→→→→→→→→→→

(1) 撃ってはいけないのはどっち？

　　Shoot, and I will kill you.
　　Shoot, or I will kill you.

(2) 変なのはどっち？

　　Now that you mention it, I don't think I've bought any CDs recently.
　　Because you mention it, I don't think I've bought any CDs recently.

(3) 次の対話文はどんな意味になるでしょうか？

　　Do you think love is blind?—That's what love is all about.

(4) 英語としてよく使われるのはどっち？

　　I think that Japan won't survive this global society.
　　I don't think that Japan will survive this global society.

(5) 次の表現は大手音楽販売店のキャッチコピーと海辺のレストランで見かける注意書きです。同様のキャッチコピーを作ってみましょう。

NO MUSIC, NO LIFE
NO SHIRT, NO SHOES, NO SERVICE

Part B Choose the correct answer ➔➔➔➔➔➔➔➔➔

(1) 授業に出ることとその内容を消化することは別ものです。

To attend a class is one thing. To digest its content is {another / the other}.

(2) 一歩でも動いてみろ，どてっ腹に風穴を開けるぞ。

{With another step / Another step}, and you will get a bullet in your stomach.

(3) 私は英語が読めない。まして話すなんてなおさらです。

I cannot read English, {even / let alone} speak it.

(4) 考えてみると，このAI時代に英語は不可欠なのだろうか。

{Now that / After} I think of it, I wonder if English is indispensable for this AI age.

(5) 血液型であなたの性格がわかるというのは間違いかもしれません。

{That / What} your blood type reveals about your personality may be nothing at all.

(6) 次の授業を休んでもよろしいでしょうか？

I was {asking / wondering} if you would mind me skipping your next class.

(7) 大学を再建するどころか，学長は大学を破壊しているように見える。

{Apart / Far} from rebuilding the university, the president seems to be destroying it.

(8) アイドルと結婚するのは不可能とは言わないまでも極端に難しい。

It is extremely difficult, {but / if not} impossible, to get married to a teen idol.

(9) あなたの彼女があなたをふったのはデート中にスマホばかりいじっているのに耐えられなかったから。

The reason your girlfriend left you is {why / that} she couldn't stand you frequently using the smartphone during dates.

(10) 知らなければ知らないほど，自分の知識を疑わないようになる。

The {more / less} you know, the {more / less} you doubt that you know enough.

Part C Write it in English

(1) 解決した問題が大きければ大きいほど，得るものは多くなる。

(2) 成功するにはいろいろな人と出会うことが大切だということですか？——つまりはそういうことです。

(3) 大学では，研究の仕方だけでなく友達との遊び方も学ぶ。

(4) 私は2つの理由で夫に決めたの。一つには稼ぎがよかったし，もう一つには彼は料理が上手かったから。

(5) 社会に対する人文科学の関係は，料理に対するスパイスの関係と同じです。

(6) ジョージ・バーナード・ショーが言っているように，人生とは自分を見つけることではない。自分を作ることだ。

(7) 学生は褒めて育てるべきだという人もいれば，学生をしつけるためにはときには体罰も辞さないという人もいる。

Column 2

言語によって世界の見方が違う

　人間は，どんな言語を話していたとしても，同じような見方で物事を見ている部分がいっぱいあります。それはそれで興味深いことなのですが，実は，使用している言語によって異なった物事の見方をしている部分があることも知られています。しかも，それは単に表現の仕方が違うといった表面的なことではなく，世界の捉え方の習慣が話者の母語によって異なっていることを示しているのです。

　このような考え方に関して，Dan Slobin 博士は Thinking for Speaking という考え方を提案しています。一般に，私たちは考えたことを言葉にしますので，思考が先，言語が後，という主従関係を想定します。ところが，よく考えてみると，例えば，英語を話すためには，表現しようと思っているモノが数えられるのか数えられないのか，聞き手が特定できるものなのか特定できないものなのか，などを考えなければなりません。これは，日本語母語話者は普段行っていない思考です。つまり，日本語を話すためには必要ないが，英語を話すためには必要な思考があるというのです。したがって，この部分に関しては言語と思考の主従関係が逆転してしまいます。その上，子どもは具体的な言語表現の学習を通して，その言語に受け継がれた物事の捉え方の慣習を身につけることになります。そして，彼らはそのような見方で世界を見るようになっていくのです。

　大人になってから外国語を習得するのが難しいことの要因の一つに，ものの見方が母語によってある程度固定化されていることが挙げられます。英語を勉強していると日本語にはない発想に驚かされることがありますが，これが英語習得を難しくさせている要因の一つであると同時に，英語学習に楽しさと喜びをもたらしてくれる一因でもあるわけです。

　本書のタイトル Thinking for Writing には二つの意味が込められています。一つは文字通り書くという課題のために考えること，もう一つは，書くことを通して英語的な発想を学ぶことです。

Part III

→→→→→→→→→→→→→→

ありのままを受け入れる

　辞書と文法書を頼り機械的に英語の文を作り上げると，結果的に不自然な英語になってしまうことがよくあります。語彙も文法も間違っていないのにどうしてでしょうか？実は，言語にはその言語共同体が培った文化や歴史が慣習となって反映されています。しかも，今となってはその慣習の意義やそれができた経緯がわからなくなっていても，盲目的にその慣習に従っている場合もあるのです。そして，そのような慣習を無視して規則に基づいて機械的に表現を作ったとしても，多くの場合血の通わない死んだ英語になってしまうのです。結局，自然な英語を身につけようと思ったら，そのような慣習が刻み込まれた本物の表現にできるだけ触れ，それらを覚えることによって英語の慣習を自らの思考の習慣にするしかないようです。

Unit 11 ウサギ？ アヒル？（あいまいな前置詞の世界）

- **Recitation**
    1. A bad teacher laughs at his students. A good teacher laughs with his students.
    2. When my boyfriend put out the light, innumerable stars came out.
    3. Sometimes life's going to hit you in the head with a brick.
    4. The seven dwarfs go gathering mushrooms not only in this forest but also on that mountain.
    5. Our company is going to merge not with that company but into it.

本ユニットのテーマ

近年，in は容器のイメージ，on は接触のイメージなど，前置詞の基本的意味をイメージで理解しようとする教材が珍しくなくなりました。そのおかげで，日本人の前置詞の理解は飛躍的に高まったと言えるでしょう。ところが，それにもかかわらず，日本語話者にとって超えられない壁のようなものが依然として存在しているのも確かです。実は，前置詞が難しいのは，複数のイメージで捉えることができる場合なのです。右の図はアヒルに見えますか，ウサギに見えますか。

Part A Let's discuss it!

(1) わざと切ったのはどっち？

I cut my finger on the knife.

I cut my finger with the knife.

(2) 先生が怒っているのはどっち？

The teacher threw the eraser to me.

The teacher threw the eraser at me.

(3) 老人はどのようにして「私」を見たでしょうか？それぞれどう違うでしょうか？

When I walked into the antique shop, an old man looked at me {with/through/over} his glasses.

(4) 変なのはどっち？

Nobita made a promise to Shizuka, but she broke it.

Nobita made a promise with Shizuka, but she broke it.

(5) 下の図の (a) の状況と (b) の状況を表現するとしたら，それぞれどんな前置詞を使ったらよいでしょうか？

There is a pear { 　 } the bowl.　　(a)　　(b)

Part B Choose the correct answer

(1) ジョンの家族は市内に住んでいるが，彼は学内に住んでいる。
John's family lives {in / on} the city, but he lives {in / on} campus.

(2) そのページの単語は読めたが，余白の手書きは読めなかった。
I could read the words {on / in} the page, but I couldn't read the notes {on / in} the margin.

(3) その少女は左手の薬指に指輪をつけている。
The girl is wearing a ring {on / around} her ring finger.

(4) 太陽は東から登って西に沈む。
The sun rises {from / in} the east and sets {to / in} the west.

(5) あの老人なら56番通りと21番大通りの角のコーヒーショップの角にいつも座っているよ。
You will find the old man always sitting {in / on} a corner of the coffee shop {in / on} the corner of 56th street and 21st avenue.

(6) 私たちはよくその店に買い物に行く。
We often go shopping {at / to} the store.

(7) 何が心に引っかかってるの？
What's {in / on} your mind?

(8) しまった。タクシーにパソコンを忘れてきた。
Oh, my god! I left my laptop {in / on} the taxi.

(9) お魚を咥えたドラ猫を捕まえたとしても，彼女はそれを食べることはできない。
Even if she catches the stray cat {of / with} a fish in its mouth, she cannot eat the fish.

(10) 長靴を履いたネコを見たことはありますか？
Have you ever seen a cat {in / on} boots?

Part C Write it in English

(1) チャーリーは傘をさして歩いてきた。

(2) インターネットで知り合って，結婚までに至るケースが増えてきている。

(3) 太陽が出てくると，月は消える。

(4) いったんハンドルの前に座ったら，スマホの電源は必ず切ってください。

(5) 私たちは2時間でその山の頂上まで徒歩で登った。

(6) ニューヨーク行きのフライトで，ジョンは今朝アメリカに向けて成田を発った。

(7) 現代人は多くのストレスを抱えて生きている。

Coffee Break

英語には A rolling stone gathers no moss. ということわざがあります。もちろん「転がる石に苔むさず」などと訳しただけではその"意味"を捕らえたことにはなりません。実際，転がる石には苔が生えないという状況は文化によって意味づけが異なるようです。日本やイギリスの文化では一つの場所に腰を据えることができないものは大成しないというネガティブなイメージで捉えますが，反対に，アメリカなどの文化では活発に動き回るものは寂れることがないという良いイメージで用いられることが多いようです。同じ状況が異なって見える，これもウサギ・アヒルの例ですね。

Unit 12　ことばの相性（コロケーション）

Recitation

1. Babies cry, cicadas buzz, horses neigh and dinosaurs roar.
2. Even if you fail some classes, it's not necessarily a total loss of your efforts.
3. When you are consulting a dictionary, you are looking up a word in it.
4. One of my students enjoys a good deal of success as a YouTuber.
5. The fear that you cannot survive without English proficiency has taken over all of Japan.

本ユニットのテーマ

言語表現は，多くの場合，単独ではなく複数の要素の組み合わせでできています。そしてそれぞれの要素間には相性の良さの違いがあります。例えば，ある名詞にはそれと結びつきやすい形容詞と結びつきづらい形容詞があります。また，ある動詞にはそれと結びつきやすい名詞と結びつきづらい名詞があります。このような語同士の相性のことをコロケーションと呼びます。

Part A　Let's discuss it! →→→→→→→→→→→→→→→→

(1) 自然なのはどっち？

　　I like coffee bitter and chocolate strong.

　　I like coffee strong and chocolate bitter.

(2) どんな建物か図に描いてみましょう。

　　What is the long, short building over there?

(3) 厚化粧はどれでしょう？

　　My mother puts on {heavy / thick / deep} makeup every day.

(4) 不自然なのはどっち？

　　The restructuring of our university was very much trouble.

　　The restructuring of our university was so much trouble.

(5) 日本語では「蚊に刺される・食われる」と言いますが，英語では何と言うでしょう？
I was {stung / eaten / bitten} by a mosquito.

Part B Choose the correct answer

(1) お父さんは鼻が高いが，僕は低い。

My father has a {long / high} nose, but I have a {short / low} one.

(2) 彼女は僕のダイエットのために野菜スープとサンドイッチを作ってくれた。

My girlfriend {cooked / fixed} vegetable soup and {cooked / fixed} some sandwiches for my diet.

(3) 息子は柔道をしていますが，娘はスキーをしています。

My son {does / plays} judo, but my daughter {plays ski / skis}.

(4) 雷の音は聞こえたが，雷は見えなかった。

I heard {lightning / thunder}, but didn't see the {lightning / thunder}.

(5) この薬を6時間ごとに飲んでください。

{Drink / Take} this pill every six hours.

(6) 私の車はあの車より燃料を食う。

My car {eats / drinks} more gas than that one.

(7) 日本は大人口を維持できると思いますか？

Do you think that we can keep our {big / large} population in Japan?

(8) あなたはいい匂いがしますね。香水は何を付けているんですか？

You smell sweet. What perfume do you {attach / wear}?

(9) 大学の先生たちは高い給料をもらってるって本当ですか？

Is it true that professors receive {expensive / good} wages?

(10) 電車は混んでるしトイレも混んでて入れないから花火大会って嫌い。

I don't like going to fireworks displays because the trains are {crowded / busy} and the bathrooms are {crowded / busy}.

Part C Write it in English

(1) このアルバムいいね！CDに焼いてくれない？

(2) 社長が苦渋の決断をしない限り，遅かれ早かれ会社は潰れるでしょう。

(3) このセミナーでは成果の出る研究を行うための方法をお教えいたします。

(4) 私は息子と山へ昆虫採集に出かけました。

(5) そのひとと約束をしても無駄ですよ。彼は約束を絶対守りませんから。

(6) 無事に帰れただけでも感謝したほうがいいよ。

(7) すみません。これは新しいタオルではないと思うんですけど。（ホテルで）

Coffee Break

語と語の相性の良さ，つまりコロケーションを調べるには，研究社から『新編英和活用大辞典』という優れた辞典が出されていますが，家でも簡単に調べる方法があります。それはインターネットの活用です。ある語と語の組み合わせが自然かどうかに悩んだら，インターネットで検索にかけてみてください。たくさんヒットしたら，それはそれらの語の相性が良いことを示す一つの証拠といっていいでしょう。逆に，ヒットしなかったら，それらの語は相性が悪いのかもしれません。他の語との組み合せを考えてみてください。

Unit 13 実例から学ぼう（英語らしさの探求）

Recitation

1. John stays up late at night and he sleeps in the morning.
2. My son goes to school while I go to the office.
3. The teacher accepted an expensive bottle of wine from the brown-nosing student.
4. The blue-eyed girl with the iced tea can talk with the toothed whale.
5. Westerners say, "Treat others in ways you want to be treated." But Japanese say, "Don't treat others in ways you don't want to be treated."

本ユニットのテーマ

言語には先人たちの文化や偶発的な出来事がその言語の歴史として刻み込まれています。そのため，言語には決まった言い方や理屈に合わない言い方がふんだんに含まれており，これが学習の妨げになることがあります。あまり頭でっかちにならず，できるだけ多くの具体例に触れ，英語らしい表現をそのまま吸収することが大切です。

Part A Let's discuss it!

(1) 車を運転していたらガス欠になった。独り言としてもっとも自然なのはどれ？

　　Shit! There is no gas left.
　　Shit! The gas tank is empty.
　　Shit! I am out of gas.

(2) 次の文はどんな意味を表しているでしょうか？

　　This textbook sells well.
　　This shirt washes easily.

(3) 豚がブーブー，カエルがケロケロ鳴いています。英語らしいのはどっち？

　　A pig is grunting, and a frog is croaking.
　　A pig is crying oink-oink, and a frog is crying ribbit-ribbit.

(4) 親から Dinner is ready! と呼ばれました。「今行くよ」と言いたいとき使うのはどっち？

I'm coming.

I'm going.

(5) 街でこんな看板を見ました。どんな意味でしょう？

Walk your bike

Swim at your own risk

Part B Choose the correct answer →→→→→→→→

(1) あの教授はよくまるで男の子の赤ちゃんのような振る舞いをする。

That professor sometimes behaves like a {baby boy / boy baby}.

(2) ここでは静かにしていただけますか。はい，そこの二人！　うるさくするな！

Be quiet here please. . . . Hey. You two! {Don't be / Be not} noisy!

(3) 釣りに行こうよ。僕が釣り竿をとってくるから。

Let's go {to fish / fishing}. I'll go {getting / get} the rod.

(4) 私はボクシングとかレスリングとか空手のようなことが好きだ。

I like boxing, wrestling, doing karate and {things like that/ such a thing}.

(5) 私は昨日の朝に彼を励ましたんだけど，夜には仕事を辞めることを決めたようだ。

I cheered him up {last / yesterday} morning, but he decided to quit the job {last / yesterday} night.

(6) ジョンはその国立大学の近くのコンビニに行くのが止められない。

John cannot stop going to the {convenient / convenience} store near the {national / nation} university.

(7) 彼女は先生のおやじギャクにいつも愛想笑いを浮かべている。

She {floats / gets / puts on} a fake smile when her supervisor makes a bad joke.

(8) この料理は前の料理より良くできている。でも，実をいうと，ステーキはもっと焼いたほうがいい。

The dish is {better / more well} done than the last one, but actually I prefer {better-done / more well-done} steak.

(9) 指名手配――生死を問わず

Wanted {dead or alive / alive or dead}

(10) ご注文はこれですべてですか？　店内でお召し上がりですか，お持ち帰りですか？

That's it? For here or {take out / to go}?

Part C Write it in English

(1) 我々は傲慢な政府に目を光らせていなければならない。

(2) 何をグズグズしている。さあ行こう。

(3) 申し訳ありません。以後，気をつけます。

(4) そして二人はずっと幸せに暮らしましたとさ。

(5) この辺りには毎年たくさんの雪が降る。

(6) あなたのシャツは素敵ですね。

(7) 私は「可能性は無限」という言葉に勇気づけられて，自分の道を進み続けることにした。

Coffee Break

日本語では，道に迷ったとき「ここはどこですか？」と聞きますが，ある特定の場合を除き，「私はどこですか？」とは普通聞きません。ところが，英語の場合はむしろ逆で，Where am I? と聞く方が普通であり，Where is here? と聞く方が一般的でないと言われています。日本語でも「私はどこですか？」という表現が使える場面を考えて，それをヒントに日本語と英語の視点のとり方の違いを考えてみよう。

Unit 14 英語の発想に近づく（「らしさ」を生み出す表現）

Recitation

1. Sometimes laughter is so powerful that even the devil will smile.
2. I improved myself with such hard training that it almost destroyed me.
3. It matters little to me what others think of my way of life.
4. The process of writing itself greatly helps you organize your ideas.
5. Investigating languages brings us one step closer to understanding the nature of humanity.

本ユニットのテーマ

英語を使いこなすためには，日本語にはない英語の発想を理解しなければならない場合があります。例えば，日本語のソ系の指示詞は前出のものだけを指示しますが，英語はそれに加えこれから述べることを指示することもできます。it（それ），the（その），such（そんな），so（それほど）と先に言っておいて後から具体的な内容を示すのです。その他にも，英語らしさを特徴づける様々な発想があります。

 Part A Let's discuss it! →→→→→→→→→→→→→→→→→→→

(1) 次の文はどんな意味でしょうか？
   Man is so created that he cannot live alone.

(2) 「その川は泳いで渡れません」自然な英語はどっち？
   You cannot cross the river by swimming.
   You cannot swim across the river.

(3) 非難のニュアンスが出ないのはどっち？
   What made you arrive late for class?
   Why did you arrive late for class?

(4) 親が子供に言うセリフとしてよく使われるのはどっち？

Eat up, or Santa won't come up tonight.

Consume all of your food, or Santa won't appear tonight.

(5) お風呂あがりに親から子供に言うセリフとして自然なのはどっち？

Dry yourself with a towel.

Wipe your body with a towel.

Part B Choose the correct answer →→→→→→→→

(1) その前副大統領は政府が不都合な真実を隠していると告白した。
The ex-vice president confessed to {a / the} fact that the government has been concealing some inconvenient truths.

(2) そのトピックについて百科事典で調べてください。グーグルは使わないように。
{Consult / look} an encyclopedia on the topic, but don't {use google / google} it.

(3) その講演はとてもつまらなかったので，学生たちはみんな退屈だった。
The lecture was so {boring / bored}, so all the students were so {boring / bored}.

(4) 報告書にざっと目を通してもらえますか？それから提出します。
Will you {examine / look} over my report? I will {submit / hand} it in afterward.

(5) そのサルたちは木から降りてきた。
The monkeys {lowered / climbed down} from the tree.

(6) かき氷を急いで食べると頭が痛くなるのはなぜですか？
{Why / What} causes a headache when eating shaved ice too fast?

(7) 学長は卒業式に私たちみんなが眠くなるような空っぽの演説をした。
The president made {such / so} an empty speech at the commencement that we all got sleepy.

(8) スマホが精神を破壊するかもしれないという報告を多くの人々は怖がっている。
A report that smartphones may destroy our mind {has frightened / is frightened} many people.

(9) 今日はここにどうやって来たんですか？——飛行機で来ました。
How did you come here today? —I {did by air / flew}.

(10) サッカーをしていた時にけがをした。
I {hurt / hurt myself} when I was playing soccer.

Part C Write it in English

(1) アムロは虫も殺せないような子供だった。

(2) 日本の研究環境が多くの点で悪化しているのは確かに事実だ。

(3) 大晦日の夜にどっちのチームが勝つかなんて私には関係ない。

(4) その夜ここで何があったかわかりました。それですべてに説明がつきます。

(5) 学生生活はどうだい？——最高！

(6) プライドのせいで本当の自分が見えなくなるときがある。

(7) 一本の瓶がぷかぷか浮かびながら洞窟の中に入っていきました。

Coffee Break

川端康成の小説『雪国』はこんな言葉から始まります。「国境の長いトンネルを抜けると雪国であった」。Seidenstickerという人がこの部分を The train came out of the long tunnel into the snow country. と英訳していますが，これでは原文に感じられる臨場感が失われてしまっています。その原因を主人公の視点の違いから考えてみましょう。

Column 3

◆◇◆
コミュニケーションに文法は不要だと言うけれど

　最近，文法の学習はコミュニケーションには役立たないという主張がよくなされます。複数形にするのを忘れて Two coffee please. と言っても，過去形にするのを忘れて現在形を用いて 10 年前の話をしても必要最低限の情報は伝わるからというのが理由のようです。たしかに，その意味ではコミュニケーションに文法は不要でしょう。でも，必要最低限の情報をやり取りすることがコミュニケーションの姿なのでしょうか？　よく考えてみればわかるのですが，コミュニケーション能力に優れた人は，まず第一に，相手が発した言葉の中に見られる些細なことをヒントに相手の心の中にある感情や意図を推し量ることができるはずです。そして，このちょっとした合図を文法が担っているのであれば，文法はコミュニケーションにとっても無視できないはずです。few というのか a few というのか，仮定法を使うのか使わないのか，どうでもよい些細なことのように思えるかもしれませんが，これにより話し手は自分の気持ちを聞き手に伝えているのだということを思い出してください。文法は話し手の心の中を映し出す鏡であり，円滑なコミュニケーションにとっても大切なものなのです。

　それでは最後の問題です。下の文を「忙しくて家族にかまってやれなかった」という意味にするには a がいいでしょうか，my がいいでしょうか？

　　I have been too busy in writing this textbook to have time for {a / my} family.

わからなかった人はもう一度 Unit 5 を復習してみてください。もちろん，a はダメですよ。不定冠詞の a を使うと家族を持つ暇がない（つまり，独身）という意味か，または，自分の家族とは別のどこかの家族に捧げる時間がなかったという意味になってしまいますから。たかが文法，されど文法ですね。

Further Reading

『くらべてわかる英文法』畠山雄二（編），くろしお出版.

『教室英文法の謎を探る』中川右也, 開拓社.

『謎解きの英文法　冠詞と名詞』久野暲・高見健一（著）くろしお出版.

『道を歩けば前置詞がわかる』宗宮喜代子, 石井康毅, 鈴木梓, 大谷直輝（著）くろしお出版.

Thinking for Writing

英語的発想を学ぶための英作文と英文法

編著者	町田　章
発行者	山口　隆史

発行所　㈱音羽書房鶴見書店

〒113-0033　東京都文京区本郷 3-26-13
TEL 03-3814-0491
FAX 03-3814-9250
URL: https://www.otowatsurumi.com
e-mail: info@otowatsurumi.com

2019 年 4 月 1 日　　初版発行
2024 年 3 月 15 日　　6 刷発行

組版　ほんのしろ
装丁　吉成美佐(オセロ)／カット　熊谷有紗(オセロ)
印刷・製本　　(株)シナノ パブリッシング プレス
■ 落丁・乱丁本はお取り替えいたします。

EC-070

Task Sheet

Task Sheet 1

class _____ number _____ name _____

Score

Task Sheet

Task Sheet 2

class _____ number _____ name _____

Score

Task Sheet

Task Sheet 3

class _____ number _____ name _____

Score

Task Sheet 1

Task Sheet 2

Task Sheet 3

Task Sheet

Task Sheet 4

class _____ number _____ name _____

Score

Task Sheet

Task Sheet 5

class _____ number _____ name _____

Score

Task Sheet

Task Sheet 6

class _____ number _____ name _____

Score

Task Sheet 4

Task Sheet 5

Task Sheet 6

Task Sheet

Task Sheet 7

class _____ number _____ name _____ Score [ ]

Task Sheet

Task Sheet 8

class _____ number _____ name _____ Score [ ]

Task Sheet

Task Sheet 9

class _____ number _____ name _____ Score [ ]

Task Sheet 7

Task Sheet 8

Task Sheet 9

Task Sheet

Task Sheet 10

class _____ number _____ name _____

Score

Task Sheet

Task Sheet 11

class _____ number _____ name _____

Score

Task Sheet

Task Sheet 12

class _____ number _____ name _____

Score

Task Sheet 10

Task Sheet 11

Task Sheet 12

Task Sheet

Task Sheet 13

class _____ number _____ name _____ Score [ ]

Task Sheet

Task Sheet 14

class _____ number _____ name _____ Score [ ]

Task Sheet 13

Task Sheet 14